© 2021, Buzz Editora
© 2021, André Valadão

Publisher ANDERSON CAVALCANTE
Editora TAMIRES VON ATZINGEN
Assistente editorial JOÃO L. ZUVELA
Revisão LIGIA ALVES, CRISTIANE MARUYAMA
Projeto gráfico ESTÚDIO GRIFO
Diagramação GLOBALTEC

Nesta edição, respeitou-se o novo Acordo Ortográfico da Língua Portuguesa.

Dados Internacionais de Catalogação na Publicação (CIP)
de acordo com ISBD

V136f
  Valadão, André
  Faça sua pergunta: as melhores perguntas para as melhores respostas / André Valadão.
  São Paulo: Buzz Editora, 2021
  160 p. ; 14cm x 21cm.

  ISBN 978-65-89623-81-6

1. Religião. 2. Cristianismo. 3. Perguntas.
4. Dúvidas. I. Título.

2021-4045   CDD 200
                                       CDU 2

Elaborado por Vagner Rodolfo da Silva CRB-8/9410

Índice para catálogo sistemático:
1. Religião 200
2. Religião 2

Todos os direitos reservados à:
Buzz Editora Ltda.
Av. Paulista, 726 – mezanino
CEP: 01310-100 – São Paulo/ SP
[55 11] 4171 2317 | 4171 2318
contato@buzzeditora.com.br
www.buzzeditora.com.br

André Valadão

FAÇA SUA PERGUNTA!

Com a evolução da tecnologia, principalmente após o surgimento da internet e dos smartphones, o acesso ao conhecimento se tornou cada vez mais possível a todos. Atualmente, uma imensidão de novas informações e ideias surge a cada minuto, mas, com frequência, nos sentimos incapazes de dar conta e absorver tudo o que realmente interessa. Nas mídias sociais, essa sensação se amplifica ainda mais. Basta deslizar o dedo pela tela do celular para encontrarmos caminhos e temas completamente desconhecidos por nós.

O mundo hoje está tão acelerado que muitos dos melhores conteúdos publicados desaparecem em exatamente 24 horas! Rápido assim! Quantas vezes alguém compartilha algo interessante e, quando clicamos, a postagem simplesmente desapareceu porque já se passou um dia? É um tempo muito curto para um conteúdo valioso. E você se pergunta: "como posso rever essas referências?". Bem, não pode. "Fiquei curioso: o que será que era?" Você nunca vai saber. Quando muito, é possível tirar um print da tela para refletirmos mais sobre aquilo depois, uma vez que, na correria do dia a dia, quase sempre não há tempo para pensar e se aprofundar naquela hora, mas, fora de contexto, o conteúdo acaba perdendo o sentido.

Foi pensando nessa circulação de conteúdos preciosos – e relevantes – que às vezes nos escapam por entre os dedos que criei a coleção Faça sua pergunta!. Nela, reunimos as melhores respostas dadas por grandes referências em suas áreas de atuação às melhores perguntas.

Com uma curadoria perspicaz e respeitando a curiosidade daqueles que fizeram as perguntas, idealizei esta coleção com o desejo genuíno de contribuir com a reflexão de cada leitor.

Agora você terá todo esse conteúdo em suas mãos para ler, reler, fazer anotações e consultá-lo quando quiser e poderá selecionar todas as perguntas e respostas que têm conexão com o seu momento de vida sem se preocupar em perdê-las, porque elas vão estar sempre com você.

Sou editor há 27 anos e estou orgulhoso por publicarmos uma coleção que irá instigar o livre pensar. Além disso, sinto o mesmo frio na barriga de quando lancei outros livros ousados e de formato inédito no mercado editorial.

Neste volume da série *Faça sua pergunta!*, você irá desfrutar de toda a experiência desse cantor, músico, empresário e pastor com mais de vinte anos de trajetória que é André Valadão. Com um humor devoto, uma sinceridade ímpar e uma linguagem contemporânea, você terá acesso às provocações e à visão sobre a vida, a fé e a esperança compartilhadas por ele. Com direito a muitas risadas.

Desejo que essas respostas do André Valadão o ajudem a encontrar as respostas para as perguntas que já existem dentro de você e que o estimulem a procurar novas e melhores perguntas!

Forte abraço,
ANDERSON CAVALCANTE
Publisher Buzz Editora

Eu não acredito na religiosidade, acredito no relacionamento. Sem dúvida alguma, desde o dia em que abri a caixinha de perguntas em minhas redes sociais, percebi ainda mais como não apenas eu, mas milhões de pessoas estão em busca de um relacionamento prático, contemporâneo e diário, com dúvidas e até brincadeiras, revoltas e questionamentos sobre Deus e o que está em escrito na Bíblia, que nós consideramos a Palavra de Deus.

Estabelecer uma comunicação, um relacionamento e aproximação com cada um pra compartilhar o que eu tenho vivido na minha fé, na minha vida como homem, como pai, como irmão, como marido, como filho, mostra cada vez mais que a verdade daquilo que Deus tem para nós é para todos os dias da nossa vida.

Eu acredito que este livro vem para dar a milhões de pessoas, dos 12 aos 100 anos de idade, as oportunidades de aprender a viver não uma vida religiosa, metódica, mas a aventura da fé, da liberdade e da alegria que é servir a um Deus que sabe exatamente o que a gente vive nos dias de hoje.

Poder responder a perguntas, para mim, é uma alegria, faz parte da minha vida e da minha devoção. Nesses mais de vinte anos pastoreando pessoas de várias partes do Brasil e do mundo, o que eu mais amo fazer é responder a suas perguntas. E que a sua pergunta seja respondida neste livro, e que muitas novas edições ainda venham, com as quais vamos nos alegrar, vamos tirar dúvidas, concordar e discordar, lembrando sempre que o que Deus tem para nós não é uma religião, mas um relacionamento.

Uma das coisas mais incríveis da vida com Deus é entender que a fé vem pelo ouvir e o ouvir da palavra de Deus. Quanto mais entendermos de maneira simples o que está escrito na Bíblia, mais e mais fé teremos para viver fortalecidos no que entendemos ser um princípio de vida.

Que este livro não sirva apenas para dar risada, sentir alegria, motivar discordâncias ou concordâncias, mas seja um instrumento de fé para você viver a cada dia um pouco melhor, acrescentando ao seu cotidiano o que é necessário pra agradar a Deus.

Um abraço,
ANDRÉ VALADÃO

Sou advogado. Você acha que advogado no Criminal fere as escrituras?

Difícil. Advogado crente tem que ser crente. O Espírito Santo falou com você, você sabe o que não deve fazer aqui, não faça. Nenhum dinheiro paga a paz que Deus tem pra você.

Como saber se a igreja é uma seita?

Se eles te ensinam que, se você sair dela, vai estar amaldiçoado, se eles te tiram do seu relacionamento com a sua família, e se eles acham que só eles estão certos e todos estão errados.

Sou nascido e criado na igreja, filho de pastor, mas tenho dúvida sobre a existência de Deus. O que fazer?

Talvez você esteja olhando muito a instituição, o prédio, o trabalho, as logísticas. Você tem que buscar voltar a ter uma fé simples, como a de uma criança. Fecha a porta do seu quarto, vai orar. Deus vai falar com você.

Meu marido e eu dormimos separados de vez em quando porque roncamos. É pecado?

Não é pecado, não. Tem que dormir, descansar, trabalhar no outro dia. Se o outro ronca muito, às vezes é melhor dormir separado mesmo.

Pastor, meu namorado se desviou. Devo terminar o namoro?

Namore alguém que ame a Jesus mais do que ama você. Case-se com alguém que ame a Jesus mais do que ama você.

Você acredita que os dinossauros existiram?

Uai, gente! Esse tanto de osso espalhado aí, esse tanto de comprovação de que existiu dinossauro, você acha que é o quê? Teoria da conspiração? Os caras ficam fabricando ossos e enterrando? Lógico que existiram!

Meu avô ficou viúvo e se casou de novo. Na eternidade, com quem ele ficaria? Como funciona?

Ô, gente, eternidade não é filme da Disney, não! Você tá achando que vai passar a eternidade com seu marido, vivendo em uma fazenda? Na eternidade não tem esse negócio de marido e esposa não. Pelo amor de Deus, gente, é outro nível!

11

Pode um cristão falar palavrão?

Gente, como é que responde um trem desse? Pode não, gente. Pelo amor de Deus. Falar palavrão? Xingar os outros? Falar palavra feia? Pode não.

Casados, mas não usam aliança. É errado?

O uso da aliança. Vou te dar duas funções básicas da aliança. A primeira: para você se lembrar de que tem uma aliança com alguém. A segunda: para que os outros vejam que você tem uma aliança com alguém. Só isso já é suficiente para usar, né?

Sou apaixonada pelo guitarrista da minha igreja, mas ele é casado. Devo me afastar da igreja para tentar esquecer?

Apaixonada pelo guitarrista que é casado? Você tem que criar vergonha na sua cara! Você tem que buscar a Deus para purificar seu coração, sua motivação. Isso aí é coisa do capeta! Expulse esse demônio aí da sua vida, minha filha. Tá doida?

É errado comemorar o Natal?

Não, não é errado comemorar o Natal, não! Errado é quem não comemora e fica achando ruim com quem comemora só porque não comemora e porque acha ruim que o outro tá comemorando. Se você não comemora, não comemore! Quem comemora comemora!

Amo e meu dom é louvar. Mas insistem pra eu pregar. É errado recusar?

Não, mas às vezes estão falando pra você pregar porque você não deve cantar tão bem. Às vezes você fala mais do que canta. Tem que ver direito isso daí.

15

**Acredita em extraterrestre?
Existem milhões de planetas.
Por que só a Terra teria vida?**

Vou te falar que não acredito em extraterrestre, não. Mas tem umas perguntas aqui que eu acho que esse povo que tá perguntando não é deste mundo não.

16

> Minha filha tem 14 anos. Ela pode namorar?

Que que é isso, minha querida? Nem fala isso comigo. Minha filha de 14 anos namorando? De jeito nenhum! Tranca essa menina, amarra, coloca uma corrente, prende o pé dela debaixo da mesa. Para com isso, nem pensar!

Nós somos igreja ou somos membros da igreja?

Nós somos os dois, meu filho. Nós somos membros da igreja, nós somos igreja, tem que ser tudo! Tudo que é negócio de igreja nós somos, sabe por quê? Porque nós somos crentes!

O senhor permite que seus fiéis frequentem outras igrejas?

Meus fiéis? Vocês têm que ser fiéis a Jesus! Eu não sou dono de ninguém, não. Já é difícil ser marido de uma mulher e pai de três filhos. Você acha que eu vou ficar mandando assim na vida dos outros, meu filho? Você tá enganado.

É certo orar para encontrar um namorado do jeito que sempre sonhei?

É certo, mas vai ser difícil você achar, viu, minha filha? Se eu fosse você, tirava metade desse checklist seu aí, senão você não vai encontrar, não.

19

É correto o marido não deixar a mulher ver seu celular?

Nada! Marido e mulher têm que ter a senha de tudo, viu? Celular de todo mundo, saber tudo um do outro. Pode parar com esse trem aí de ficar cada um com um telefone, cada um com uma senha, grupinho daqui, grupinho dali. Vocês parem com essa confusão, viu, gente?

É pecado o cristão só gostar de assistir filmes de terror?

Ô, gente, filme de terror é do diabo demais. Esse irmão tinha que ir pro ministério de intercessão, já que não tem medo de demônio. Vai orar, expulsar demônio dos outros. Tá cheio de crente que tem medo de expulsar demônio. Não é um filme bom de ficar vendo, não. Vai orar.

As pessoas estão se afastando de mim porque voltei para Jesus. Por que as pessoas são assim?

Tem três processos que acontecem quando você aceita Jesus: primeiro, os amigos se afastam de você; segundo, os amigos passam a respeitar você; terceiro, eles vão pedir oração para você. Fique em paz.

> Estou namorando um rapaz viúvo. É pecado, pastor?

Ué, gente, a mulher dele não vai voltar não. Não vai puxar seu pé de noite quando você estiver na cama dormindo. Já morreu a mulher dele, não tem problema não. Vai pra cima, Brasil!

Pastor, pegar dinheiro escondido do marido é pecado?

Uai, você tá roubando do mesmo jeito, só que tá roubando do marido. A diferença é essa. Cara de pau demais, ué. Conversa com ele. Vocês têm que conversar, gente. Casal tem que conversar, falar as coisas um com o outro.

Pastor, eu conheci um rapaz e estamos na mesma visão. O que eu faço para despertar a atenção dele?

Vocês estão na mesma visão, mas o olho dele não abriu ainda, né? Porque não te viu ainda. Você tem que fazer alguma coisa. Passa uns perfumes bons, pergunta que música que ele ouve, canta. Manda uns versículos para ele de mensagem, senta perto dele no culto.

É possível alguém ser tomado por Deus como Enoque foi?

É possível demais! É possível tudo! Deus faz o que Ele quer, do jeito que Ele quer, na hora que Ele quer. Mas hoje o povo tá sumindo porque não paga os outros. O povo foge, muda de cidade, devendo pra todo mundo. Não é Deus, não!

Pastor, às vezes fico com receio de pedir algo ao Senhor. Não me sinto merecedora para pedir algo.

Nós não somos merecedores mesmo, não. Mas não é sobre merecimento, é sobre graça. Você tem que entender que o Evangelho nunca vai ser sobre merecer.

Qual é a maior dificuldade na vida de casado?

O segredo do casamento feliz, para você entender, é que você se casou para fazer o outro feliz. Você não se casou para ser feliz. Você se casou pra fazer o outro feliz. Aí você já resolve oitenta por cento dessa guerra.

25

Pastor, a pandemia afastou ou juntou os crentes a Deus?

A pandemia é o seguinte, vou te falar: se essa pandemia não te fez orar e buscar a Deus, mais nada nesta vida vai fazer você buscar a Deus. Então, corre pra Deus!

Crente fumar maconha só pra relaxar é pecado?

Quer relaxar? Vai orar! Tomar banho quente! Não pode fumar maconha, não. Isso é entorpecente, isso é veneno, isso vicia. Não pode, gente. Vocês estão lendo a Bíblia, né?

O que fazer quando você tem irmãos que não torcem por você?

A Bíblia é muito clara dizendo que o Espírito Santo intercede por nós. Uma das definições de interceder é torcer literalmente por nós. Tem gente que não torce por você mesmo. Pode ser até seu irmão que não torce, mas o Espírito Santo tá torcendo, então bora!

Pastor, para orar é preciso estar de joelhos ou pode ser deitado na cama?

Guarde o que eu vou te falar aqui: se Jesus orou pregado numa cruz, não tem nada nesta vida que possa nos impedir de orar. Você pode orar em qualquer circunstância, em qualquer momento da sua vida. Abra sua boca, fale com Deus. Ele vai te responder e vai te ouvir.

Marido crente conversa com a ex no WhatsApp e apaga. Ajuda financeiramente escondido. É traição, né?

Preste atenção aqui: não é nem ex, nem mulher nenhuma! Homem casado não tem que ficar conversando em WhatsApp com nenhuma mulher, muito menos pagando conta de outra mulher. Você pega ele, dá nele, senta com o pastor e resolve essa bagunça!

Pastor, crente pode ser maromba? Tipo bem gostosa?

Com essa pergunta você quer dizer o quê? Crente pode ser bem feio. Mas não pode ser bem bonito? Lógico que pode ser bonito, ué! Se pode ser feio, pode ser bonito. Tem que parar com esse trem, gente!

Se um cristão trabalha em uma funerária e pede a Deus para prosperar, ele peca?

Uai, gente, eu tenho uma frase forte pra esse trem aqui que você tá perguntando. É o seguinte: quem nunca morreu tá morrendo!

O crente pode ouvir música secular?

Gente, tem música que não dá pra ouvir, não! Música cheia de letra podre, não dá pra ouvir um tanto de música. Agora, tem música que você tá com sua esposa ali, só vocês dois, vai ficar ouvindo "essa casa, sua casa, nós deixamos pra você"? Não tem como, né?

O que dizer sobre o crente que acredita em signos?

Gente do céu, não tem negócio de signo, não! Vocês não estão lendo a Bíblia? Vocês têm que se converter de verdade. Crente não acredita em signo, não. Que mané signo, gente. É Bíblia, oração, devoção, adoração!

Davi fumou maconha?
É isso mesmo?

Só se for um Davi vizinho seu, alguém que você conhece, que trabalha com você, porque na Bíblia não tem isso não.

Como evitar discussão por besteira?

Pega isto aqui, em nome de Jesus: o Evangelho é para ser pregado, não é para ser debatido nem discutido. Se esse é o motivo da discussão, para! E outra coisa: saia das rodas dos escarnecedores, dessas confusões de discussão. Sai fora!

Pastor que é gordo está cometendo o pecado da gula?

Olha, eu conheço gente que come muito mas não engorda. Tem um bicho na barriga da pessoa, não é possível! E conheço gente que não come nada e é gordinho, o que faz? Pecado é quando você não tem controle sobre algo.

Minha filha de 14 anos não quer mais ir à igreja. Levo ela mesmo não querendo?

Quer ver ela querer? Tira a internet dela, tira o celular, tira a mesada dela. Menina de 14 anos não manda em nada, não. Tranca no carro, joga no porta-malas, leva pro culto, senta do lado dela na igreja, dá uns "glória a Deus" perto dela! Não pode, não!

As pessoas não acreditam que você é pastor. Você é muito engraçado e as pessoas ficam meio assim, né!

Ué, pastor não pode ser engraçado, não? Vocês acham que pastor não pode conversar com vocês, rir, ensinar conversando... isso é ser pastor também!

Como lidar com a perseguição de quem quer te destruir?

Ué, entendo que você tem alguém que quer te proteger, alguém muito maior que te ama, que nem dorme enquanto você tá dormindo. E que você tem arma de oração, a armadura de Deus na sua vida e a justiça de Deus.

Pastor, como saber qual é o meu chamado?

Eu te falo o primeiro: o da reconciliação, que é testemunhar pras pessoas o que Jesus já fez na sua vida. O segundo é você ser frutífero no que você tem que fazer HOJE.

É pecado querer ser cremado?

Você só não pode querer ser cremado vivo, né? Se você já morreu, pode fazer tudo. Pode cremar, jogar no rio, faz o que você quiser. É corpo, gente, nós somos espírito. Nós somos seres espirituais.

35

Pastor, o que você diria para pessoas que pedem coisas emprestado e não devolvem?

Tem que devolver, ué! Pegou, devolve. O que eu diria pra quem pegou e não devolveu? Ligava pra ele ou mandava mensagem. Falava: ô, me devolve aí o negócio.

Pastor, quero estudar piano clássico, mas sou cristã. Posso?

Meu Deus do céu! Tem gente falando que música clássica é do capeta agora? Pode demais, minha filha. Aprende esse piano, toca pra Jesus, louva a Jesus. Amém?

Crente pode pintar o cabelo?

Gente, cabelo não é um pedaço do braço que você arranca e o braço nunca mais cresce. Cabelo você pinta, depois corta e pinta de novo. Arrancar um dedo não tem jeito; arrancou o dedo, acabou o dedo. Cabelo cresce.

Pastor, o que você acha de uma pessoa que faz parte do louvor tomar uma cerveja de vez em quando?

Mas tem pergunta de cerveja aqui, hein? Tem pergunta. Vocês estão bebendo, hein, gente? Vocês têm que tomar cuidado com esse tanto que vocês estão bebendo, pelo amor de Deus. Se Deus falar pra não beber mais nada na vida, você vai parar de servir a Deus? Cuidado com esse trem de bebida.

Vontade de desistir do ministério, mas não consigo deixar. O que fazer?

Para com esse trem de desistir, gente! Essa geração nossa tem essa mania de falar em desistir. Descansa, minha filha. Tira férias, para de trabalhar um pouco, não é pecado não. O mundo não vai acabar, você não vai salvar o mundo! Descansa, fica quietinha.

Pode comer carne de porco?

Uai, gente, acabamos de comer uma bisteca aqui em casa, eu e a Cassiane. Uma bisteca com limãozinho. Ei, porquinho da benção! Gente, Jesus já morreu, já ressuscitou. Vocês estão com esse trem de comer porco ainda? Para com isso, gente!

Pastor, muitos dizem que Jesus foi casado com Maria Madalena. O que você acha disso?

Uai, foi casado e largou a mulher pra trás? Como que casa e larga a mulher pra trás assim, gente? Não tem nada disso, não. Coisa do capeta inventar umas histórias dessas, pelo amor de Deus, gente. Lógico que não foi casado.

É errado dormir junto com o namorado?

Ô meu Deus do céu! Vai dormir com cachorro, sô! Abraça o colchão, abraça o travesseiro, abraça uma toalha aí, mas vai dormir com namorado não! Pecado demais isso. Você acha que vai só dormir?

> É errado usar lingerie sensual para agradar o marido?

Pelo amor de Deus! Tem umas mulheres iguais à Vovó Mafalda, com calcinhas que só Jesus! Na verdade, nem Jesus. Pode não, tem que estar bonitinha, usar as coisas direitinho, deixar o homem feliz. Não tem problema, não!

Pastor, é pecado ter pouco dinheiro?

Se for pecado um trem desses, nós estamos perdidos! Dinheiro não é solução, não. Dinheiro é um meio, é um caminho, mas não é tudo! Lógico que não é pecado.

Pastor, é pecado tomar energético?

Gente do céu, como é que é pecado tomar energético? Energético é pra dar energia, remédio pra dor de cabeça é pra dor de cabeça. Toma energético pra dar energia, não tem problema, não.

Pastor, é pecado crente fazer gato de luz? A conta de luz tá muito cara.

Não, quem é crente não faz gato de luz! Pode fazer gato de luz não, gente. Tá roubando. Isso aí é roubar! Se tá fazendo, pede perdão e para com esse trem. Muda isso aí!

Meu marido perguntou se é pecado tomar Viagra.

Tem que comparecer. Medicina é de Deus, gente. Tem uns negócios aí. Se, se estiver precisando, tem que resolver.

Pastor, no dilúvio os animais aquáticos não morreram, né?

É igual você morrer com falta de ar respirando. Como é que animal aquático morreu no dilúvio?

43

É certo mulher crente ficar conversando com homem casado até mais de meia-noite?

Mulher crente, não. Mulher nenhuma! Mulher não tem que conversar com homem nenhum. Pelo amor de Deus, gente, o que tá acontecendo?

Quando se deixa de dizimar, isso impede a bênção da prosperidade na minha vida?

Não, a benção da prosperidade na sua vida está em Jesus, não no seu dízimo. Você entrega o dízimo porque já é abençoado. É diferente.

Dança do ventre no casamento pode? Ou é místico?

Se é seu casamento, faz a dança do ventre, a dança da chuva, a dança da cadeira, dança tudo, minha filha. É você e seu marido, sai dançando que são só vocês dois e Deus vai abençoar essa dança. Vai pra cima!

Pastor, como lidar com tanta gente falsa dentro da igreja?

Sabe como você lida? Sendo verdadeiro! Sendo puro, sendo astuto, escolhendo bem suas amizades. Gente falsa tem em todo lugar, dentro e fora da igreja, em qualquer canto. Cuidado, né?

Pastor, existe livre-arbítrio?

Uai, pula da janela aí pra você ver. Nós somos todos livres. Cada um faz o que quer, entendeu?

Pastor, pode ir de sandália pra igreja?

Pode ir até descalço. Vá pra igreja. Na igreja não importa se está de sandália, de bota, de tênis, de meia furada. Jesus usava sandália, e aí? Tem que ir pra igreja, gente. Igreja é lugar de bênção.

É pecado pensar em outro homem sem ser o marido?

Pecado demais você ficar pensando em outro homem que não é seu marido. Encha a sua mente de louvor, da Bíblia, renove a sua cabeça. Pecado demais.

Você acredita em perda da salvação?

Se você nega Jesus a ponto de se afastar, não acredita nEle, não acredita na obra da salvação, não acredita que Ele te ama, não acredita que Ele existe, não acredita no perdão, na misericórdia, você rejeita Jesus mesmo. Aí você não quer salvação.

Meu marido é presbítero e joga bola. É pecado?

É pecado se ele estiver jogando bola só na hora do culto, pois ele tem compromisso pra cumprir na igreja e não tá indo pro culto. Não é pecado jogar bola, não, gente. Para com isso.

Pastor, só para dizer que eu o julgava mal... Errei, e hoje te admiro. Homem de Deus, continue assim!

Ô minha irmã, Deus te abençoe! Faz parte! Todos nós estamos julgando alguém, a gente sempre tem um preconceito em relação a alguém. À medida que o tempo vai passando, a gente vai conhecendo. Faz parte.

Pastor caloteiro pode?

Pode não. Não é só pastor caloteiro, não. E o tanto de ovelha caloteira? Pastor caloteiro, ovelha, diácono. Para com esse tanto de calote. Paga todo mundo, paga do jeito que dá, mas vai pagando o que você pode.

Como vencer o inimigo que traz à nossa memória coisas do passado que já fizemos?

Quando o inimigo te lembrar do seu passado, lembra ele do futuro dele, lago de fogo onde ele vai queimar para sempre. Nosso futuro é perdão e misericórdia, gente. Olha pra frente.

Pastor, crente pode usar maquiagem?

Acho que crente deve! Mulherada bonita fica mais bonita. Usem maquiagem, gente!

É pecado não ir na igreja?

Você não vai na igreja por quê? Você é melhor que todo mundo que tá lá? Ou você não vai na igreja porque você é pior que todo mundo que tá lá? É errado demais. Tem que ir na igreja! Nós somos todos iguais. Se existe um lugar aonde nós temos que ir, é pra igreja, gente!

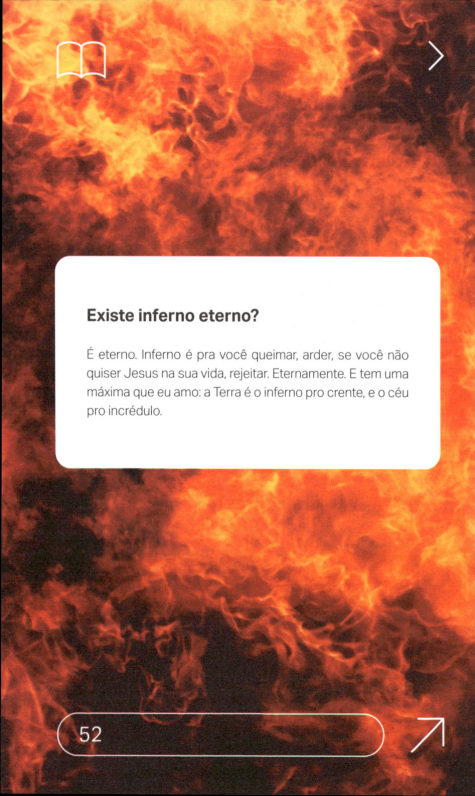

Existe inferno eterno?

É eterno. Inferno é pra você queimar, arder, se você não quiser Jesus na sua vida, rejeitar. Eternamente. E tem uma máxima que eu amo: a Terra é o inferno pro crente, e o céu pro incrédulo.

Pastor, mulher pode pastorear?

Lógico que pode. Mulher pode gerar um bebê, pode criar os filhos, pode cuidar da casa, mulher pode trabalhar, pode estudar. Mulher não pode pastorear? Tem que parar com esse trem, gente. Mulher é bênção demais.

Pastor, quero comprar um carro que chama Demon. O que acha de crente com um carro desse?

O carro se chama Demon, mas é um carro. Bota a mão na cabeça desse carro, no teto do carro, ora, unge, você vai andar num carro, não vai dirigir demônio. Mas, se te incomodar, compra outro carro.

Homem pode ter cabelo comprido?

Pode. Se você tem cabelo, já é uma bênção. Nós que temos pouco cabelo é uma luta. Pode ter cabelo grande.

Pastor, posso usar barba?

Ô gente, se barba não fosse negócio de Deus, Ele não teria feito nascer cabelo na bochecha do homem. Pode usar barba, é só fazer a barba bonitinha, ficar com a barba bem-feita. Agora, tem igreja que não deixa usar. Então, nessa igreja, não dá pra usar.

É a própria pessoa que escolhe a igreja ou Deus que leva?

Nunca vi Deus levar ninguém para a igreja, não, pegar na mão e ir levando. A pessoa não chega voando na igreja. Você que vai. Você pega o ônibus, sobe na moto, vai pra igreja. Você sabe no seu coração onde você tem que ir.

Um pastor me disse que, se a mulher permitir, o marido pode ficar com outra. Não é traição.

Pastor não fala isso, não, minha filha. Isso aí não é pastor, é enviado de satanás. Isso aí é capeta puro. Sai fora desse demônio aí, sério, em nome de Jesus! Isso não é pastor.

> Pastor, mulher de Deus pode tirar o bigode?

Pode, mulher tem que tirar o bigode. Mulher bigoduda, cheia de pelo debaixo do nariz, pode tirar o bigode, passa gilete no bigode.

Pastor, meu filho de 14 anos é muito preguiçoso. O que eu faço?

Faz nada. Adolescente come demais, dorme igual urso hibernando. Tem que ter paciência. Adolescente não é criança, não é adulto. Fica firme, leva ele pra igreja. Vai ficar tudo bem.

Como esquecer um relacionamento que não deu certo?

É só você lembrar que o relacionamento não deu certo. Para de lembrar do que foi bom e lembra das coisas ruins. Bota na sua cabeça que não deu certo esse negócio. Você tem muito pra viver, uma vida inteira pela frente. Ficar lembrando de coisa pra quê?

É pecado uma mulher evangélica usar short?

Não é pecado, não. Depende do tamanho do short, onde tá usando o short, quanto sobrou pra fora depois do short. Toma cuidado, gente. Não podem fazer o outro cair, tropeçar, pecar. Têm que vigiar.

> Pastor, só pode sexo uma vez por semana? Tem pastor que diz que sexo várias vezes leva ao inferno.

Uai, gente, que é isso? Então nós estamos queimando tudo no inferno! Não tem nada disso. Sexo é de Deus. Vai pra cima, Brasil!

60

É pecado chamar Deus de "você"?

Chama de "você", chama de "tu", chama de "vossa majestade", "vossa excelência", mas chama Deus, por favor. Não vai ficar chamando outras coisas neste mundo. Tá chamando Deus, chama, meu filho. Vai chamando Deus.

É pecado insistir em um relacionamento que não tem aceitação dos pais?

Seus pais têm uma experiência de vida que você não tem. Já viveram e já viram coisas que você não viu. Ouça seus pais, eles falam sério com você. Eles estão vendo coisas e uma realidade que você não está vendo. Pode honrar seus pais. Tô te falando sério.

> É pecado bloquear pessoas nas redes sociais?

Não, não é pecado, não. É bênção! Tem pessoas nas redes sociais que você tem que bloquear mesmo, uma por uma. Problema nenhum não, pode bloquear. Bloqueia à vontade!

Posso usar biquíni na praia ou na piscina?

Lugar de usar biquíni é na praia e na piscina. Não pode usar biquíni na igreja, no shopping, na escola. Lógico que pode, gente. Vai usar biquíni onde?

Qual é a opinião do senhor sobre pedir um "tempo" no namoro?

Nós temos que ser resolvidos, decididos. Vou dar um exemplo. Imagina uma xícara suja. Aí você chega pra xícara suja e fala: vamos dar um tempo, vamos ver o que o tempo vai definir para nós. Não, você tem que pegar e lavar a xícara! Resolve!

É pecado frequentar academia?

Não é pecado frequentar lugar pra você engordar, né? Lanchonete, doceria, quinhentos quilos de açaí não é pecado. Agora, ir na academia, melhorar o batimento cardíaco é pecado? Não é pecado, não.

Pastor, me declarei pra varoa, mas ela diz que somos só amigos. Devo continuar insistindo?

Ela já te deu um fora! Agora, se você quer insistir, tá com tempo, vai insistindo. Quem sabe?

Refrigerante é do diabo?

Gente, vocês espiritualizam até refrigerante! Não pode! Para com essas besteiras! As coisas de Deus são muito mais sérias.

Comecei minha vingança. É errado?

Crente não tem esse negócio de vingança, não, gente. Vingança é coisa do diabo. Meu pai!

> Pastor, minha vizinha é casada e tem outro. Me sinto incomodada. Oro pra ela tomar vergonha na cara?

Eu acho mais importante você tomar conta da sua vida, viu. Deixe sua vizinha, ore por ela, pra ela aceitar o Senhor e ter a vida mudada. Mas cuida mais da sua vida!

Pastor, pensar na pessoa que eu gosto é pecado?

E vai pensar só em quem você não gosta? Tem que pensar em quem você gosta, em quem você acha legal, em quem é importante pra você, seu círculo de amizade. Não entendi, não!

Pastor, é pecado usar muita maquiagem?

Não, só não pode assustar as pessoas. Tem gente que põe maquiagem que parece o Coringa, né? Só tomar cuidado com o tanto de maquiagem que passa, tá?

Sou cristã, mas não posso casar pra não perder a pensão. O que fazer?

Você tem que ser cristã em tudo! A gente fica querendo ser crente só onde a gente acha que é crente. Tem que ser crente em tudo. Tem que casar.

É pecado usar salto na igreja?

Não pode perguntar umas coisas assim, não. Salto alto é pra ficar alta, salto baixo é pra ficar baixo. É um sapato no pé, gente.

Pastor, é pecado gostar de sentir dor? Ser masoquista?

Não é só pecado, é burrice também. Por que você vai gostar de sentir dor? Trem do capeta demais, gente. Repreende esse demônio da sua vida.

Meu pai é pastor e não é um bom marido. Fico triste em ver o que minha mãe passa. Como lidar?

Na vida a gente aprende o que fazer, e aprende com pessoas o que não fazer. Se tem uma coisa que você aprendeu com seu pai, infelizmente, é o que não fazer. Agora viva a sua vida.

É pecado gostar de uma pessoa que tá quase noiva?

Não é pecado, não, é quase um distúrbio. O cara tá vivendo a vida dele, gosta da pessoa lá. Cheio de gente pra casar neste mundo e você vai se preocupar com quem tá comprometido?

Pastor, quero uma pessoa mas não quero casar. O que eu faço?

Você tem que resolver sua vida. Na Bíblia, no Evangelho, na vida de um cristão, quando você quer alguém, quer construir uma vida com alguém. Não é resolver uma carência, não.

Oração pela madrugada, Deus ouve mais do que durante o dia?

É madrugada aqui mas é hora do almoço no Japão. Eles estão dormindo lá, nós estamos acordando aqui, ou seja, Deus não tem horários. Toda hora é hora. A Bíblia fala que Deus não dorme, gente!

Pastor, consegui o wi-fi do vizinho. Tem algum mal usar?

Fala com ele que você tá usando. Se estiver usando sem falar, tá errado, né, gente? Tem que falar com o vizinho.

Pastor, o que fazer com pessoas que só te criticam?

Larga isso pra lá, ué. Você pode andar com quem te tolera, e você pode andar com quem te celebra, com quem ama você. Para de andar com esse povo que te critica e anda mais com quem celebra você.

Trocar nudes é fornicação?

Vocês não são crentes, não, vocês não estão evangelizando. Trocar nudes não é evangelismo, é fornicação, é prostituição. Vocês perderam a noção demais.

Meu marido não é evangélico e gosta de dançar. Posso dançar com ele? É pecado?

Olha, se eu fosse você, dançava com ele. É melhor você dançar com ele do que ele dançar com outra mulher. Sinceramente. Vai dançando, orando em línguas no cangote dele, orando.

Sinto que meu casamento está atrapalhando meu ministério. Um divórcio seria pecado?

Seu casamento é mais importante que o ministério, sabia disso? Seu primeiro ministério é seu casamento. Larga isso aí, vai cuidar do seu marido, sua esposa, seus filhos. Pode parar.

Pastor, montei um delivery e não tenho tempo de ir à igreja. O que faço?

Tem tempo sim, tem que ter tempo. Tirar duas horas, duas horas e meia de um dia pra ir na igreja. Para com isso. Ou Deus é primeiro lugar na sua vida ou não é. Pode não.

Estou me sentindo um tapa-buraco na minha igreja. O que eu faço?

Continua tapando o buraco. Isso é servidão. Ajuda no que pode. É melhor você tapar o buraco do que ser aquele que faz o buraco. Glória a Deus!

> E esse povo que trata cachorro como filho?

Deixa eles, ué, o filho é deles. O cachorro é deles. Cada um com os filhos que tem. Uns mordem, latem, outros choram e fazem cocô na fralda.

Pastor, é pecado acender vela para o anjo da guarda?

Crente não acende vela pro anjo da guarda. Nós temos o Espírito Santo, a Bíblia fala que o Senhor acampa ao nosso redor e nos livra, nós nos revestimos da armadura de Deus. Não tem esse negócio de anjo de guarda, não.

Pastor, e sobre marido que não deixa a esposa mexer no celular dele?

Marido e mulher, todo mundo tem que ter a senha do celular um do outro, entrar nos WhatsApp um do outro. É até bom, entra de vez em quando, vê os inbox do marido, da esposa. Pode parar com esse trem. Nós somos casados. Casados sabem tudo um do outro.

Pastor, Deus revela através de um irmão de qual igreja devemos participar?

Ué, gente, pelo amor de Deus! Se você viver a fé com Deus dependendo dos outros dando opinião e profetada na sua vida, você tá perdido! Fala com o Espírito Santo, gente!

A varoa não percebe que eu sou o companheiro ideal pra ela. O que eu faço? Terceira tentativa.

Você tem que aparecer, conversar com ela, manda um Pix pra ela no valor da pizza, do cachorro-quente. Fala: vamos comer juntos, já até paguei nossa janta.

Como vencer a fornicação?

Em primeiro lugar, entendendo que você vai pro inferno, sabendo que é pecado e continuando a fazer essas coisas. Tem que levar a palavra de Deus a sério. Em segundo lugar, você tem que se valorizar. Tem alguém que vai te amar e cuidar de você.

Pastor, por que temos pesadelos?

Nós temos pesadelos porque comemos uma maionese estragada antes de dormir, e às vezes nós temos sonhos meio pesadelos porque o Espírito Santo tá alertando a gente de algumas coisas. Ou, às vezes, nós temos pesadelos que não têm nada a ver com nada. Desse jeito.

Qual o maior desafio no ministério?

O maior desafio no ministério somos nós mesmos. Nós consideramos e sabemos biblicamente que satanás é um derrotado, mas o que cabe a cada ministro é dar sua vida por aquilo que oi chamado a cumprir. Então, o maior desafio sou eu.

Sou tecladista, mas fico triste porque nas igrejas só cantam worship. Saudades de música de verdade.

Então para de tocar, ué. Tá tocando reclamando, achando ruim, para de tocar. Cheio de gente querendo tocar no louvor e você fica de frescura. Para de tocar, então!

Pastor, existe isso de Deus escolher a pessoa para a gente se casar?

Não, não tem esse negócio. Você escolhe quem você vai fazer feliz, alguém que você vai amar, vai servir, vai cuidar, vai abençoar. Para com esse trem de ficar filosofando além da conta.

Eu quero trocar de igreja, mas meu marido não quer. O que eu faço?

Não troca de igreja. Seu marido vale mais que qualquer igreja. Você é casada com seu marido, não com a igreja.

Pastor, ouvi dizer que gemer durante o sexo é pecado. É verdade?

Lógico que não é pecado. Pode gemer, gritar, dar um "glória". Que é isso, gente? Que doutrinas são essas?

84

Pastor, é pecado ficar na janela ouvindo os vizinhos brigando?

Pecado é você ficar entrando na vida dos outros, ficar bisbilhotando a vida dos outros, narigando lá dentro. Poderia estar orando por eles, né? Ficar bisbilhotando é um trem errado.

Um emprego fora da igreja que abençoa vidas pode ser considerado um ministério?

Gente, vocês têm que parar de achar que ministério é dentro de igreja. Não é, não. Você que está fora da igreja pode alcançar mais gente que trabalha dentro da igreja, você tá no mercado, você tá no campo. Você pode alcançar ainda mais!

É errado pesquisar o significado de sonhos no Google?

Errado demais. Google é pra dar informação, não é pra dar revelação. Nós temos a Bíblia, o Espírito Santo. O que que tá acontecendo, gente?

E a sua opinião sobre crente que namora cinco anos sem pensar em noivar e casar?

Resolve a vida, resolve logo, para de ficar enrolando! Casamento é igual a um caminhão cheio de melancia: à medida que o caminhão vai andando, as melancias vão encaixando. Vai encaixando tudo, daqui a pouco encaixa tudo. Tem que ir andando.

É pecado casar de branco sem ser virgem?

Ué, gente, do jeito que tá hoje em dia, praticamente não vai mais ter vestido branco pra casamento, então. Para com isso, mantém a santidade! Casa de branco.

Pastor, não pedir bênção para as pessoas mais velhas é pecado?

Esse pedir bênção não é só um ato de respeito. A gente, como cristão, acredita que existe uma bênção de geração em geração. Tem que pedir bênção sim, tem que respeitar muito a geração antes da nossa.

O que fazer com marido antissocial, ranzinza?

Já casou, né? Agora você aguenta! Não fica querendo mudar marido em coisas que você sabe que ele não vai mudar. Não tem jeito, não. Tem coisa que não muda. Agora você aguenta esse trem aí do seu lado.

É pecado levar filho na benzedeira?

Se você é crente, Jesus Cristo, é o senhor da sua vida. Se é o Evangelho, tem que ir na benzedeira só se for pra evangelizar ela.

Chamar o pastor de Pai espiritual tá certo ou é pecado?

Eu não deixo ninguém me chamar de "pai", não. Não deixo mesmo. Para com esse trem, gente! Tem gente que gosta, tem igreja que é cheia desse trem de "pai" e "mãe". Comigo não tem isso, não!

Como saber se estou em um processo?

Se chegar uma notificação na sua casa. Chegou a notificação, começou o processo. Assinou a notificação, então, processou! Agora, se você tá falando de processo da vida, só de você estar vivendo já está num processo.

É pecado pedir pra Deus castigar uma pessoa que me fez mal e falou mal de mim?

Vocês estão vingativos demais! Tem que parar com esse trem de pedir pra Deus matar os outros, castigar os outros, não pode fazer isso. É pecado demais. Tem que desejar o bem até pro inimigo, orar por ele. Jesus falou, tá vendo?

Cristão pode ter cabelo colorido?

Cabelo preto não é colorido, não? Cabelo amarelo... Pintar de loiro é colorido. Tem cabelo vermelho, verde, azul, roxo. Já falei para vocês: cabelo não é pedaço do corpo, que arranca. É só cabelo, depois cresce.

Pastor, me apaixonei por um homem casado e ele por mim... O que fazer?

O que você tem que fazer é criar vergonha na cara! Entender que ele tem compromisso. Você não é crente, não? Você não teme a Deus, não? Vai orar, tirar esse demônio da sua cabeça.

Pastor, é pecado meu namorado pegar na minha bunda?

Ô gente, não pode pegar na bunda. Isso não é lugar de pegar quando está namorando.

Pastor, tenho amizade com minha ex e minha esposa não aprova. Estou errando em manter?

Tá erradíssimo! Que negócio de manter amizade com ex. Sua mulher tá falando que não gosta, você para com o trem. Respeita a sua mulher.

Pastor, como manter a unção na hora do louvor?

Uma das coisas mais importantes é não perder o foco, gente. Tudo aquilo que tira o foco de Jesus, você pede a intencionalidade. Fluir. Jesus é o centro.

Pastor, ser evangélico virou moda? De quem é a culpa?

Vocês querem que o Evangelho fique dentro só da igreja de vocês, ou que se espalhe no mundo inteiro? Esse negócio de "evangélico virou moda", que nada! Deixa Jesus entrar na vida do povo!

Acreditar em Deus, viver fazendo coisas boas, porém não frequentar a igreja, é suficiente?

Não, você tem que ir na igreja. Uma das maiores características de um cristão é a submissão, o comprometimento, poder ser disciplinado. E ser firme na igreja.

Pastor, é errado bloquear as enviadas de satanás no Instagram do marido?

Errado nada. O celular do seu marido é seu também, o Instagram do seu marido é seu também. Viu que tem uns negócios esquisitos, piriguete lá? Bloqueia mesmo! Bloqueia esses enviados aí. Cerca a sua família!

Como lidar com pais cristãos conservadores?

Respeitando, honrando. E, se eles são cristãos conservadores na palavra de Deus, você tem que dar graças a Deus que você não tem uns pais malucos, depravados na vida. Dê "glória a Deus" pelos pais que tem.

Só quero agradecer. Faço tratamento para ansiedade e seus vídeos têm me ajudado muito.

Olha só, não é só você que está mandando mensagem sobre ansiedade, quebrar a religiosidade. Gente, sabe o que acontece? Nós ficamos nervosos demais, nós somos religiosos demais. Jesus quer com a gente é relacionamento, Jesus quer com a gente é comunhão.

É pecado entrar em site de relacionamento? Sou viúva.

Não é, não, gente. Antigamente o povo ia para a praça, para o meio da rua, ficar conversando. Hoje muita coisa é no site mesmo. É só você não botar umas fotos erradas, uns trens feios aí, que tá tudo bem.

> Pastor, é pecado morder a esposa?

Uai, gente, como é que morde a esposa? Morde carne, torresmo, bife. Uma mordidinha de amor, tudo bem, mas o que é isso aí?

98

Pastor, me envolvi com um cara casado faz dois anos. E a gente não consegue se afastar.

Vou só lembrar você de que o inferno tá te esperando. Consciência de pecado, pecado intencional: inferno!

Pastor, expulsamos os demônios falando baixinho ou é necessário uma autoridade na voz?

Cada um tem um jeito de expulsar demônio. O negócio é expulsar em nome de Jesus. Tem gente que faz entrevista com demônio, quer saber o nome, de onde vem, pra onde vai, há quanto tempo está ali. Tem gente que só expulsa, tem gente que grita. Cada um de um jeito.

Mulher que apanha do marido tem respaldo bíblico para se separar?

Não só bíblico: tem respaldo humanitário, tem respaldo jurídico, tem respaldo de tudo.

100

Cara fechada é sinal de santidade?

Cada um tem uma cara. Tem gente que, rindo, tá sério. Tem gente que, sério, fica rindo. Cada um tem um jeito, cada um tem uma maneira de se expressar. Não tem nada a ver com santidade a cara de cada um.

Meu marido é bênção na igreja, até lidera o ministério. Mas em casa xinga, fala palavrão, é grosso, horrível.

Não pode, não! Já conversa com o pastor hoje. Chega lá, senta e conta tudo. Tem que tratar isso na sua vida e na do seu marido.

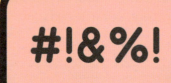

André, por que palavrão é pecado?

Não é possível que você ache que palavrão é coisa bonita, coisa boa, saudável, educada, faz bem pras pessoas. Não tem nem que perguntar um trem desse.

Como suportar seu amigo esquerdista?

Você tem que se colocar no lugar dele. Como que ele suporta você, que deve ser de direita? A melhor coisa é não tocar nesse assunto. Ter uma amizade acima de política.

Pastor, é pecado eu e minha esposa fazermos sexo toda noite?

Não é pecado, não. Vocês estão é garantindo mesmo, vocês estão comparecendo. Parabéns pra vocês!

O que fazer quando um é batista e o outro é pentecostal?

Fazer nada. Os dois são crentes, vão pro céu. Um é batista e o outro é pentecostal, cada um é de um jeito.

Como namorar sendo feio?

Encontrando alguém que ache que você é bonito. Que bom que você já sabe que é feio. Então o que Deus colocar na sua mão, você dá "glória a Deus". Vai pra cima, aleluia!

Como acabar com uma macumba feita pra família toda?

E a obra de Jesus feita com a família toda? E o sangue de Jesus com a família toda? E a autoridade do nome de Jesus? Você crê mais em quê?

Assistir a filme erótico com o marido é pecado?

Pecado demais! Vocês têm que ler a Bíblia, ter temor a Jesus Cristo. Totalmente promiscuidade, prostituição, coisa fora da Bíblia. Pode não.

Me sinto culpada por ter pensado mal de Jesus. Eu tenho perdão?

A gente pode ter criado um preconceito, você pode ter criado um preconceito sobre Ele por falta de relacionamento com Ele. Relacione-se com Deus. Você vai ver que Ele te ama e tem planos lindos para a sua vida.

Pastor, é pecado querer dar um mata-leão no irmão da igreja?

Querer não é pecado, não. Nós não damos porque somos crentes, né?

Tô gostando de duas varoas. O que eu faço? Qual delas eu escolho?

Cê tá podendo, hein? Parabéns pra você, tá podendo escolher assim. Resolve sua vida, meu filho! A vida é feita de escolhas.

Minha esposa culpa a igreja por ela não crescer espiritualmente. O que falo pra ela?

É muito fácil a gente procurar culpados pra algo que temos que resolver em nós mesmos. Nosso desenvolvimento espiritual, principalmente, é desenvolvido no nosso tempo íntimo com Deus.

Na minha igreja só tem varão feio. Posso ir em outras com o propósito de arrumar um companheiro?

Fala isso com seu pastor, que só tem homem feio na sua igreja, que você tem que ir na igreja dos homens bonitos. Tem que buscar, filha. Eu não acho errado, não. Tem que resolver essa área da sua vida, né?

Pastor, é pecado zoar o áudio do pastor em 2x no WhatsApp?

Não é. Às vezes você vai até receber a benção até mais rápido, ué! Áudio do pastor em 2x dá quase pra você ouvir quase que a pregação. De quinze minutos vai sete minutos.

Pix é a profecia se cumprindo?

Só se for a profecia em que você vai ser o abençoador das nações. Só se for a profecia em que você vai poder abençoar as pessoas. Fora isso, besteira de achar que é do capeta.

O pastor da minha igreja vai colocar um cara que não canta nada pra ministrar. O que fazer?

Fazer nada, ué. Você não é o pastor da igreja. O pastor deve ter alguma razão, ele sabe o que tá fazendo. Na pior das hipóteses, você tampa o ouvido.

Pastor, homem pode usar lingerie feminina? É errado?

Tá tudo deturpado mesmo, vocês não são crentes, não. Vocês estão ficando malucos, gente!

Você acredita que todos que estão vivos passarão pela grande tribulação?

Gente, e esse tanto de pergunta sobre tribulação? É antes? É depois? Seja crente, meu filho. Se for antes, se for depois, ame a Jesus sobre todas as coisas, não vai mudar nada na sua vida se você souber se é antes ou se é depois. Para com isso, gente.

É pecado sofrer por uma menina que está com outro cara?

Pecado não é, mas é burrice. A mulher está com outro cara, não fica sofrendo, gastando tempo da sua vida. Tem muita gente no mundo.

O que dizer ao pastor que é contra a vacina da Covid?

Fala assim pra ele: "pastor, eu tomei a vacina, Deus abençoe".

Mulher pode olhar pro homem pra tentar ser notada?

É lógico que pode! Vai ficar olhando pro chão? Aí o homem olha pra você e você não tá olhando pra ele. Aí, quando você olha pra ele e ele olha pra você, você para de olhar pra ele. Não vai ter jeito. Tem que olhar pra ele com aquele olhar de "raio x".

Uma vez salvo, sempre salvo?

A preocupação com a salvação para quem tem intimidade com Deus não existe. Esse negócio de "uma vez salvo, para sempre salvo" é uma preocupação de gente que está vivendo uma vida dúbia, uma vida de pecado. Se você vier para Jesus, estará salvo. Viva para Ele.

Por que faltam eventos para nós solteiras depois dos 30, 40 anos?

Vocês já são adultas, promovam vocês mesmas o evento. Cria um grupo no Facebook, no WhatsApp e monta o evento, faz um churrasco aí.

É pecado ficar pedindo todo dia pra ser rica?

Não é pecado, mas é uma ilusão. Não é pedindo que você fica rico; você fica rico estudando, trabalhando, ralando. Não fica rico pedindo.

Pastor, é pecado pedir a Deus um marido?

Se estiver pedindo o marido de alguém que já tem esposa, aí é pecado. Fora isso, seria estranho se você não pedisse.

Pastor, é verdade que Caim é filho da Eva com a serpente?

Em que igreja que vocês vão, que Bíblia vocês estão lendo? Não tem cabimento. Onde você viu um trem desse?

Qual é o correto: batismo no rio ou na piscina?

Pode batizar na banheira, na bacia, na pia, batiza! Mergulha, meu filho! Declara que Jesus é seu senhor. Pode batizar no córrego, na poça.

Pastor, e aquela história de que, se deixar chinelo virado pra cima, a mãe morre? É verdade?

Superstição na vida do crente não existe. Pode pendurar o chinelo em cima do armário, para com isso!

Pastor, Deus usa pessoas para falar com a gente mesmo?

Você quer que ele use o quê? Gato, cachorro, periquito? Ele usa gente. Ele falou para todo mundo: prega o Evangelho para todo mundo.

Tem pastor do capeta por aí?

Tem médico do capeta, professor do capeta, deputado do capeta, tem tudo do capeta. Infelizmente, pode ter até pastor do capeta.

Pastor, se eu pedir todos os dias pra Deus me livrar de toda traição da minha namorada, ele me livra?

Você tá namorando e tá preocupado com traição? Que namoro é esse?

O que fazer quando a decepção vem de uma pessoa de dentro da igreja?

Na verdade, vem de uma pessoa. O que acontece é que ela está dentro da igreja. A igreja é um lugar que tem todo tipo de gente. Vocês têm que parar de achar que na igreja só tem anjo. Tem de tudo.

Pastor, passar óleo ungido no cabelo é pecado?

Não, né? Mas vai ficar com cheiro forte, o cabelo vai ficar com aquele cheiro de azeitona. Tem que tomar cuidado pro cheiro não ficar muito forte e o pessoal estranhar.

Pastor, é pecado ser fã da sua pessoa?

Eu acho que é perda de tempo. Nós somos todos iguais, precisamos de Jesus. Chega uma hora em que eu posso te decepcionar, de alguma forma não te agradar, e aí?

É pecado dormir pelado?

É pecado nascer pelado? É pecado tomar banho pelado? Você vai dormir, gente. Dorme, acorda, bota a roupa. É bom usar um pijaminha, uma camisolinha, mas não tem problema, não.

Dormir junto namorando sem ter relação é pecado ou só não convém?

Fica nessa esbarração, um pegando no outro, pode parar com isso! Não é hora disso, namoro é pra conhecer caráter, conduta, a vida espiritual da pessoa.

Pastor, posso dar mimos pra uma mulher casada às escondidas? Só amizade.

Claro que não. Cria vergonha na sua cara. Ela tem marido, ela tem família. Faz isso não.

O que o senhor acha de profecias que revelam que a pessoa vai morrer se desobedecer a Deus?

Todo mundo vai morrer! Eu posso morrer hoje, você pode morrer amanhã, todo mundo vai morrer. Sai fora dessas profecias que geram medo.

O que fazer pra conquistar o coroa solteirão da igreja?

Já é vivido. Senta com ele e conversa, abre o jogo, vai direto. Já é experiente, já tem história. Vai direto ao ponto.

Raspei a lateral do cabelo e um pastor foi no meu serviço xingar. O que responder na próxima?

Não responde nada. Jesus se calou diante de tudo que falaram para ele. Fica quietinha.

123

É verdade que Gênesis é uma poesia?

Não, é um livro histórico, verdadeiro, real. Tudo que tem ali é fato. Que poesia, gente? Em que igreja que vocês vão? Que pessoa vocês ficam ouvindo? Cuidado, gente!

Sou motorista de aplicativo, levo pessoas de todas as crenças como para macumbeiro, benzedeira. É pecado?

Você está prestando um serviço, levando uma pessoa, conduzindo para onde ela quer ir. Seu papel é esse. Mas, nesse meio-tempo, coloque um louvor no carro, solte um "Jesus te abençoe, Jesus te ama" na vida das pessoas, dê um panfleto pra elas.

124

Pastor, se Jesus voltar e a pessoa estiver no banho, sobe?

Ué, sobe limpa ainda! Sobe cheirosa, lavada, né. Que trem que vocês tem que se estiver tomando banho não vai pro céu! Meu Deus do céu!

Pastor, é pecado ficar olhando o celular na hora do culto?

Tem gente que está anotando a pregação no celular, tem gente que a Bíblia tá no celular. Depende do que a pessoa está fazendo na hora do culto com aquele celular. Não dá pra julgar, né, gente?

Adão tinha umbigo?

Não sei, gente. Eu tenho umbigo, você tem umbigo? Então fica feliz com o umbigo que tem!

Sou divorciada. Tô me sentindo só. É pecado procurar varão? Ou tenho que esperar em Deus?

Se você ficar esperando, vai morrer sozinha. Tem que procurar, ir pra guerra, minha filha, você só tem essa vida. Vai achar um varão aí. Ora que Deus vai abençoar.

Pastor, é pecado ouvir pregação tomando banho?

Não é. Você não pode é deixar de tomar banho pra ficar ouvindo a pregação. Toma banho ouvindo a pregação, não tem problema.

Pastor, é pecado crente fazer seguro de vida?

Eu acho que é pecado não fazer, quase. Porque o seguro de vida é tão barato. Você vai poder ajudar sua família se morrer. Tem é que fazer.

Pastor, como eu faço para arrumar uma varoa da igreja?

Primeiro, você tem que ir pra igreja. Segundo, você tem que ser acessível, conversar com as meninas, sentar perto delas no culto, sorrir pra elas. Comer um pastel com elas, uma coxinha, depois do culto.

Com qual verso na Bíblia você mais se identifica? Eu me identifico com o versículo: Jesus teve fome.

Com esse versículo eu também me identifico demais. Se tem um trem com que nós crentes nos identificamos é com Jesus ter fome, né?

É pecado chamar o marido de gostoso?

Pecado é você falar que ele não é gostoso, falar que ele é chato, que ele é feio, que ele é amargo, que ele não presta. Gostoso é elogio, pode chamar.

O amante se tornou atual, e agora?

Agora ele é atual. Agora o seu coração, seu caráter, sua conduta, dentro do conhecimento que você tem hoje em Jesus, você não faria novamente o que você fez pra ter esse homem na sua vida.

Pastor, o que fazer quando o marido fica no video game e não te dá atenção?

Arranca da tomada o vídeo game, arranca o fio da tomada, olhe pra ele e fala: "me dá atenção, para com esse trem!". Vai pra luta, minha filha!

Pastor, ir ao centro espírita na sexta e ao culto no sábado é equilíbrio?

Cê não é crente, não!

Meu pai quer comprar um cachorro, mas minha mãe disse que vai embora. O que fazer?

Fica com a sua mãe, não compra o cachorro. Não tem nem o que pensar.

É errado fingir que não estou em casa quando alguém chama no portão?

Não. Se você não quer atender, é só não atender. Você não tá fingindo que não tem ninguém em casa, é só não atender. Não precisa fingir.

É pecado dormir sem tomar banho, pastor?

Se você não tem como tomar banho, não é pecado. Agora, se você tem como tomar banho e vai dormir fedendo, sujo, vou te falar: é quase um pecado.

Fui retirado do meu ministério porque não dei o dízimo em um período de crise. O que fazer?

Sinceramente, sai desse ministério. Vai pra outro lugar.

É pecado crente comprar ovo de Páscoa?

Você tá comprando ovo de Páscoa por causa do coelho da Páscoa ou por causa do chocolate? Compra a barra de chocolate porque é mais barato. Se você tá comprando por causa do coelho, é pecado.

Namorei um filho do pastor que era pior que o capeta.

Que bom que você terminou. Quem disse que filho de pastor é santo? Só filho de peixe que é peixe, filho de crente não é crente, não. Tem cada um aí...

Pastor, o que fazer com os amigos Judas hoje em dia?

Muda de amizade. O que Jesus fez com Judas? Nada. Não tem que fazer nada, vive sua vida.

Pastor, pode renovar aliança no culto online?

Na verdade, a aliança vai ser renovada espiritualmente. O online é só um registro do que está acontecendo espiritualmente na sua vida, muito mais do que um negócio que é online.

Meu namorado é uma boa pessoa, honesto e carinhoso, mas é machista.

Namorado machista? Você quer isso pra sua vida? Você nem casou e já sabe que ele é assim. Não faz isso com a sua vida.

Pastor, como me libertar da sexualidade na fase do namoro?

Para com a pegação. Para de abraçar, para de beijar, fica sozinho. Para de ficar cheirando o cangote do outro. Tem que parar com esses trem, gente.

É errado pastor cobrar juros de dízimo que não é entregue na data que ele determinou?

Isso não é pastor, isso é banco! Sai dessa confusão. Isso não é ministério, é abuso.

Por que tem havido tantos escândalos no meio gospel? E vindo de líderes.

Isso é muito triste. Mas sempre teve! Não dá para você pensar que, na primeira família que Deus fez, um irmão matou o outro. Pensa no escândalo! Só Jesus!

Pastor, é pecado ter perfil fake?

Só o nome já fala! Se é falso não é verdadeiro, é mentiroso, é escondido. Crente não tem nada de escondido, fake, falso. Para com isso.

Pastor, por que o amor dói?

Porque o amor é isso, gente! Amor é um mandamento. Amor é aliança, fidelidade. Amor é só sentimento. Não é propaganda de manteiga, não. Não é história da Disney, não. Vocês tão doidos?

Pastor, é errado crente ir para a praia sem camisa?

Errado é ir com camisa! Você vai pra praia, vai nadar, vai tomar sol, jogar

Pastor, o que fazer com pessoas que se acham mais santas do que os outros?

Faz nada. Você pode passar a mão nas costas delas de vez em quando pra ver se não tá nascendo asas, porque são tudo anjo. Faz nada.

139

Pastor, repreender demônio quando o marido ronca é pecado?

Não, mas é besteira. Não tem nada a ver repreender demônio com o ronco. Tem que cuidar, né? Tem horas que o ronco parece mesmo um bicho.

Pastor, o que o senhor acha de açaí com farinha?

Ah, eu gosto demais! Gosto de açaí de todos os jeitos. Açaí com xarope de guaraná, açaí com camarão, açaí com carne de sol. De todos os jeitos!

O que fazer para perder o medo de falar com garotas? Já gostei de muitas, mas não falava e perdi oportunidades.

Você tem que entender que, se não conversar com as meninas, não vai acontecer nada. Você tem que falar com as meninas.

Pastor, é pecado fazer dancinha do TikTok?

Depende da dancinha. Tem dancinha que não dá pra fazer. Tem dancinha que não é edificante, que é provocativa, que mexe com uns negócios na cabeça da pessoa. Tem que ver qual a dança.

Sou guitarrista. Como conquisto a varoa?

O que a guitarra tem a ver com conquistar a varoa? Você tem que conversar com a menina, tem que se interessar por ela, o que ela faz, o que ela gosta de comer. Sentar perto dela no culto. Ficar olhando pra ela no culto.

Pastor, o senhor já expulsou muitos demônios?

Eu já expulsei demônio demais! Demônio tá aí pra você expulsar, gente. Tudo rebelde, não quis ficar com Deus. Tem que expulsar. Não fica fazendo entrevista, né?

Pastor, é pecado rir de quem canta desafinado na igreja?

Às vezes, porque a pessoa errou a música, errou o tom, você ri, é engraçado. Mas fazer zombaria tipo bullying é pecado, não pode diminuir a pessoa. Tem hora que é engraçado.

É pecado dar em cima da namorada do amigo, sem eles terem algo muito sério?

A última coisa que eu queria ser na vida é seu amigo! De amigo você não tem é nada. Vai se converter, cria vergonha nessa cara, vira crente!

Pastor, é pecado falar para a mulher que a gente ganha menos do que a gente ganha de verdade?

Pecado! Você tá mentindo pra sua esposa, falando que você ganha X, e, na verdade, você ganha 2X. Mentira! Muito feio fazer isso! Coisa feia. Vocês não são crentes, não, gente!

Pastor, como ser fitness se Jesus é o pão?

Ahahaha! Uai, gente Ele é o pão integral! Integralidade, totalidade. Pão integral dá pra comer!

Pastor, eu gosto de um homem que é uma ótima pessoa, mas é mulherengo. O que eu faço?

O homem é mulherengo, não presta, e você gosta de um trem desse? Tá doida?

Pastor, é pecado roubar óleo ungido na igreja para abençoar minha casa?

Qualquer tipo de roubo é pecado. Tem hora em que vocês perdem a noção do que é ser crente! Roubou, pecou! Para com esse trem de roubar.

A mulher pode sustentar a casa financeiramente e o marido faz o serviço de casa?

Pode demais! Hoje tá todo mundo junto, trabalhando, ganhando dinheiro, o outro cuidando da casa. Cada um faz uma coisa. Isso não vai tirar do homem a masculinidade e a autoridade dele. Tudo bem.

É pecado ajudar a esposa nas tarefas de casa?

Pecado é não ajudar a esposa. Tem que ajudar! Principalmente porque a esposa vai ficar feliz, né? Vai ser bom depois. Vale a pena.

Sou estressada e nervosa, acordo sempre de mau humor e desmotivada. O que fazer?

Tem que nascer de novo, nascer outra pessoa. Tem que dar um jeito, minha filha, senão não vai dar em nada. Mude sua vida.

Pastor, como conviver com uma pessoa que coloca defeito em tudo o que faço?

Parando de criar expectativa de que ela te elogie. No momento em que você sabe que a pessoa é desse jeito, espere menos dela.

Pastor, como lidar com os fofoqueiros dentro da igreja? O telefone sem fio corre solto.

Se você detectou alguém que é fofoqueiro, não conversa, sai fora dessa amizade. Foge desse povo!

Pastor, é pecado fazer amor com minha esposa ouvindo louvores?

Não. Você tá fazendo amor e louvando a Deus ao mesmo tempo. Isso aí que é adorador mesmo! Não tem problema, Deus te abençoe!

Quando o marido trai e engravida outra mulher, perdoo ou abro mão do casamento?

Aí é a pessoa que vai decidir o que ela quer pra vida dela. Isso é muito particular de quem está sofrendo pela situação.

É pecado fazer botox?

Depende. Tem gente que fica parecendo um bicho. Tem outros que fazem botox e ficam parecendo outro ser humano. Tem que tomar cuidado com o botox pra não ficar com a cara muito esquisita.

> Pastor, o que eu faço depois que tive três decepções na igreja?

Já se prepara para a quarta. Daqui a pouco ela chega.

152

Beijo no pescoço e mordidinha na orelha durante o namoro é pecado?

Isso aí não vai levar vocês para a oração, para a leitura da Bíblia e para o louvor, né? Esse trem vai levar vocês pra outra coisa, então não tá na hora ainda.

É pecado a esposa querer mandar no marido?

Esse trem é meio complicado porque as mulheres são poderosas, né? As mulheres têm um poder de falar e o marido dá a última palavra: "sim, senhora".

Pastor, fico atiçando meu noivo para mantermos relações, mas ele quer esperar o casamento.

Você poderia fazer igual a ele. Aquietar seu facho, orar mais um pouco, ler a Bíblia, buscar o Espírito Santo. Aquieta seu facho!

Pastor, é pecado se separar por incompatibilidade de gênios?

Vocês namoraram, noivaram e não perceberam essa incompatibilidade? Casou? Agora aguenta! Pode ficar casado.

Fui dizer não com educação e recebi xingamentos e bloqueio no WhatsApp. O que fazer?

Fazer nada. Pra você ver do que Deus te livrou, minha filha. Vai viver sua vida, olha que livramento Deus trouxe para você! Dá "glória a Deus".

É errado fazer sexo na semana que vai ministrar?

O que tem de impuro em fazer sexo? Nada! Sexo é de Deus. O que tem a ver uma coisa com a outra? Pode fazer no dia.

Perdoei a traição do meu marido, mas a ex-amante vive de deboche de mim no Instagram. O que fazer?

Bloqueia essa jararaca! Bloqueia essa filha do capeta. Bloqueia no telefone do seu marido também. Bloqueia na sua história.

Como lidar com pessoas ignorantes?

Do mesmo jeito que Deus tem paciência com você, meu filho. A gente não sabe tudo! Eu sou ignorante em tanta área, e você também. A gente tem que ter paciência, ouvir pessoas, entender o contexto delas, saber conviver com elas.

Pastor, você acha que Cristo está voltando agora mesmo ou falta muito ainda?

Então, tem dia que eu acho que Ele vai voltar naquele dia. Tem dia que eu acho que vai demorar mil anos pra Ele voltar. Ele falou para amar a vinda d'Ele mas não preocupar muito, sabe? Só o Pai sabe mesmo quando vai ser.